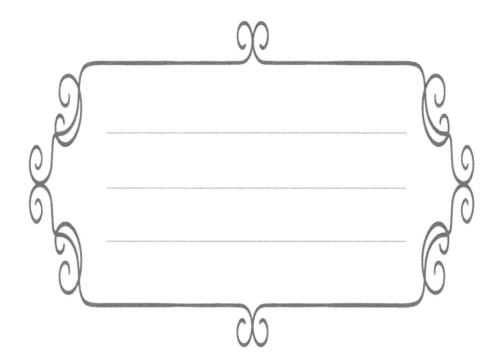

First Printing, 2017
River Breeze Press
www.riverbreezepress.com

Recipe	Page

Recipe	Page

Recipe	Page

Recipe:

Based on/Source: _____ Serves: _____

Ingredients

Directions

Ratings

flavor	1	2	3	4	5
ease	1	2	3	4	5
healthy	1	2	3	4	5

Notes

Recipe:

Based on/Source: _____ Serves: _____

Ingredients

Directions

Ratings					
flavor	1	2	3	4	5
ease	1	2	3	4	5
healthy	1	2	3	4	5

Notes

Recipe:

Based on/Source: _____ Serves: _____

Ingredients

Directions

Ratings					
flavor	1	2	3	4	5
ease	1	2	3	4	5
healthy	1	2	3	4	5

Notes

Recipe:

Based on/Source: _____ Serves: _____

Ingredients

Directions

Ratings					
flavor	1	2	3	4	5
ease	1	2	3	4	5
healthy	1	2	3	4	5

Notes

Recipe:

Based on/Source: _____ Serves: _____

Ingredients

Directions

Ratings					
flavor	1	2	3	4	5
ease	1	2	3	4	5
healthy	1	2	3	4	5

Notes

Recipe:

Based on/Source: _____ *Serves:* _____

Ingredients

Directions

Ratings					
flavor	1	2	3	4	5
ease	1	2	3	4	5
healthy	1	2	3	4	5

Notes

Recipe:

Based on/Source: _____ *Serves:* _____

Ingredients

Directions

Ratings					
flavor	1	2	3	4	5
ease	1	2	3	4	5
healthy	1	2	3	4	5

Notes

Recipe:

Based on/Source: _____ Serves: _____

Ingredients

Directions

Ratings					
flavor	1	2	3	4	5
ease	1	2	3	4	5
healthy	1	2	3	4	5

Notes

Recipe:

Based on/Source: _____ Serves: _____

Ingredients

Directions

Ratings					
flavor	1	2	3	4	5
ease	1	2	3	4	5
healthy	1	2	3	4	5

Notes

Recipe:

Based on/Source: _____ Serves: _____

Ingredients

_____
_____
_____
_____
_____
_____
_____
_____
_____
_____
_____
_____

Directions

_____
_____
_____
_____
_____
_____
_____
_____
_____
_____
_____
_____
_____
_____

Ratings

flavor	1	2	3	4	5
ease	1	2	3	4	5
healthy	1	2	3	4	5

Notes

Recipe:

Based on/Source: _____ Serves: _____

Ingredients

Directions

Ratings					
flavor	1	2	3	4	5
ease	1	2	3	4	5
healthy	1	2	3	4	5

Notes

Recipe:

Based on/Source: _____ Serves: _____

Ingredients

Directions

Ratings					
flavor	1	2	3	4	5
ease	1	2	3	4	5
healthy	1	2	3	4	5

Notes

Recipe:

Based on/Source: _____ Serves: _____

Ingredients

Directions

Ratings

flavor	1	2	3	4	5
ease	1	2	3	4	5
healthy	1	2	3	4	5

Notes

Recipe:

Based on/Source: _____ Serves: _____

Ingredients

Directions

Ratings

flavor	1	2	3	4	5
ease	1	2	3	4	5
healthy	1	2	3	4	5

Notes

Recipe:

Based on/Source: _____ Serves: _____

Ingredients

Directions

Ratings					
flavor	1	2	3	4	5
ease	1	2	3	4	5
healthy	1	2	3	4	5

Notes

Recipe:

Based on/Source: _____ Serves: _____

Ingredients

Directions

Ratings

flavor	1 2 3 4 5
ease	1 2 3 4 5
healthy	1 2 3 4 5

Notes

Recipe:

Based on/Source: _____ Serves: _____

Ingredients

Directions

Ratings					
flavor	1	2	3	4	5
ease	1	2	3	4	5
healthy	1	2	3	4	5

Notes

Recipe:

Based on/Source: _____ *Serves:* _____

Ingredients

Directions

Ratings

flavor	1	2	3	4	5
ease	1	2	3	4	5
healthy	1	2	3	4	5

Notes

Recipe:

Based on/Source: _____ *Serves:* _____

Ingredients

Directions

Ratings					
flavor	1	2	3	4	5
ease	1	2	3	4	5
healthy	1	2	3	4	5

Notes

Recipe:

Based on/Source: _____ Serves: _____

Ingredients

Directions

Ratings

flavor	1	2	3	4	5
ease	1	2	3	4	5
healthy	1	2	3	4	5

Notes

Recipe:

Based on/Source: _____ *Serves:* _____

Ingredients

Directions

Ratings

flavor	1	2	3	4	5
ease	1	2	3	4	5
healthy	1	2	3	4	5

Notes

Recipe:

Based on/Source: _____ *Serves:* _____

Ingredients

Directions

Ratings					
flavor	1	2	3	4	5
ease	1	2	3	4	5
healthy	1	2	3	4	5

Notes

Recipe:

Based on/Source: _____ Serves: _____

Ingredients

Directions

Ratings					
flavor	1	2	3	4	5
ease	1	2	3	4	5
healthy	1	2	3	4	5

Notes

Recipe:

Based on/Source: _____ Serves: _____

Ingredients

Directions

Ratings

flavor	1	2	3	4	5
ease	1	2	3	4	5
healthy	1	2	3	4	5

Notes

Recipe:

Based on/Source: _____ Serves: _____

Ingredients

Directions

Ratings

flavor	1	2	3	4	5
ease	1	2	3	4	5
healthy	1	2	3	4	5

Notes

Recipe:

Based on/Source: _____ Serves: _____

Ingredients

Directions

Ratings					
flavor	1	2	3	4	5
ease	1	2	3	4	5
healthy	1	2	3	4	5

Notes

Recipe:

Based on/Source: _____ Serves: _____

Ingredients

Directions

Ratings					
flavor	1	2	3	4	5
ease	1	2	3	4	5
healthy	1	2	3	4	5

Notes

Recipe:

Based on/Source: _____ Serves: _____

Ingredients

Directions

Ratings					
flavor	1	2	3	4	5
ease	1	2	3	4	5
healthy	1	2	3	4	5

Notes

Recipe:

Based on/Source: _____ Serves: _____

Ingredients

Directions

Ratings					
flavor	1	2	3	4	5
ease	1	2	3	4	5
healthy	1	2	3	4	5

Notes

Recipe:

Based on/Source: _____ Serves: _____

Ingredients

Directions

Ratings					
flavor	1	2	3	4	5
ease	1	2	3	4	5
healthy	1	2	3	4	5

Notes

Recipe:

Based on/Source: _____ Serves: _____

Ingredients

Directions

Ratings					
flavor	1	2	3	4	5
ease	1	2	3	4	5
healthy	1	2	3	4	5

Notes

Recipe:

Based on/Source: _____ Serves: _____

Ingredients

Directions

Ratings					
flavor	1	2	3	4	5
ease	1	2	3	4	5
healthy	1	2	3	4	5

Notes

Recipe:

Based on/Source: _____ Serves: _____

Ingredients

Directions

Ratings					
flavor	1	2	3	4	5
ease	1	2	3	4	5
healthy	1	2	3	4	5

Notes

Recipe:

Based on/Source: _____ Serves: _____

Ingredients

Directions

Ratings

flavor	1	2	3	4	5
ease	1	2	3	4	5
healthy	1	2	3	4	5

Notes

Recipe:

Based on/Source: _____ Serves: _____

Ingredients

Directions

Ratings					
flavor	1	2	3	4	5
ease	1	2	3	4	5
healthy	1	2	3	4	5

Notes

Recipe:

Based on/Source: _____ Serves: _____

Ingredients

Directions

Ratings					
flavor	1	2	3	4	5
ease	1	2	3	4	5
healthy	1	2	3	4	5

Notes

Recipe:

Based on/Source: _____ Serves: _____

Ingredients

Directions

Ratings					
flavor	1	2	3	4	5
ease	1	2	3	4	5
healthy	1	2	3	4	5

Notes

Recipe:

Based on/Source: _____ Serves: _____

Ingredients

Directions

Ratings

flavor	1	2	3	4	5
ease	1	2	3	4	5
healthy	1	2	3	4	5

Notes

Recipe:

Based on/Source: _____ Serves: _____

Ingredients

Directions

Ratings

flavor	1	2	3	4	5
ease	1	2	3	4	5
healthy	1	2	3	4	5

Notes

Recipe:

Based on/Source: _____ Serves: _____

Ingredients

Directions

Ratings					
flavor	1	2	3	4	5
ease	1	2	3	4	5
healthy	1	2	3	4	5

Notes

Recipe:

Based on/Source: _____ Serves: _____

Ingredients

Directions

Ratings					
flavor	1	2	3	4	5
ease	1	2	3	4	5
healthy	1	2	3	4	5

Notes

Recipe:

Based on/Source: _____ Serves: _____

Ingredients

Directions

Ratings					
flavor	1	2	3	4	5
ease	1	2	3	4	5
healthy	1	2	3	4	5

Notes

Recipe:

Based on/Source: _____ Serves: _____

Ingredients

Directions

Ratings					
flavor	1	2	3	4	5
ease	1	2	3	4	5
healthy	1	2	3	4	5

Notes

Recipe:

Based on/Source: _____ Serves: _____

Ingredients

Directions

Ratings

flavor	1	2	3	4	5
ease	1	2	3	4	5
healthy	1	2	3	4	5

Notes

Recipe:

Based on/Source: _____ Serves: _____

Ingredients

Directions

Ratings					
flavor	1	2	3	4	5
ease	1	2	3	4	5
healthy	1	2	3	4	5

Notes

Recipe:

Based on/Source: _____ Serves: _____

Ingredients

Directions

Ratings

flavor	1	2	3	4	5
ease	1	2	3	4	5
healthy	1	2	3	4	5

Notes

Recipe:

Based on/Source: _____ Serves: _____

Ingredients

Directions

Ratings					
flavor	1	2	3	4	5
ease	1	2	3	4	5
healthy	1	2	3	4	5

Notes

Recipe:

Based on/Source: _____ Serves: _____

Ingredients

Directions

Ratings					
flavor	1	2	3	4	5
ease	1	2	3	4	5
healthy	1	2	3	4	5

Notes

Recipe:

Based on/Source: _____ Serves: _____

Ingredients

Directions

Ratings					
flavor	1	2	3	4	5
ease	1	2	3	4	5
healthy	1	2	3	4	5

Notes

Recipe:

Based on/Source: _____ Serves: _____

Ingredients

Directions

Ratings

flavor	1	2	3	4	5
ease	1	2	3	4	5
healthy	1	2	3	4	5

Notes

Recipe:

Based on/Source: _____ Serves: _____

Ingredients

Directions

Ratings					
flavor	1	2	3	4	5
ease	1	2	3	4	5
healthy	1	2	3	4	5

Notes

Recipe:

Based on/Source: _____ Serves: _____

Ingredients

Directions

Ratings					
flavor	1	2	3	4	5
ease	1	2	3	4	5
healthy	1	2	3	4	5

Notes

Recipe:

Based on/Source: _____ Serves: _____

Ingredients

Directions

Ratings

flavor	1 2 3 4 5
ease	1 2 3 4 5
healthy	1 2 3 4 5

Notes

Recipe:

Based on/Source: _____ Serves: _____

Ingredients

Directions

Ratings					
flavor	1	2	3	4	5
ease	1	2	3	4	5
healthy	1	2	3	4	5

Notes

Recipe:

Based on/Source: _____ *Serves:* _____

Ingredients

Directions

Ratings					
flavor	1	2	3	4	5
ease	1	2	3	4	5
healthy	1	2	3	4	5

Notes

Recipe:

Based on/Source: _____ Serves: _____

Ingredients

Directions

Ratings					
flavor	1	2	3	4	5
ease	1	2	3	4	5
healthy	1	2	3	4	5

Notes

Recipe:

Based on/Source: _____ Serves: _____

Ingredients

Directions

Ratings					
flavor	1	2	3	4	5
ease	1	2	3	4	5
healthy	1	2	3	4	5

Notes

Recipe:

Based on/Source: _____ Serves: _____

Ingredients

_____
_____
_____
_____
_____
_____
_____
_____
_____
_____
_____

Directions

_____
_____
_____
_____
_____
_____
_____
_____
_____
_____
_____
_____
_____
_____

Ratings

flavor	1	2	3	4	5
ease	1	2	3	4	5
healthy	1	2	3	4	5

Notes

_____
_____
_____

Recipe:

Based on/Source: _____ *Serves:* _____

Ingredients

Directions

Ratings					
flavor	1	2	3	4	5
ease	1	2	3	4	5
healthy	1	2	3	4	5

Notes

Recipe:

Based on/Source: _____ Serves: _____

Ingredients

Directions

Ratings

flavor	1	2	3	4	5
ease	1	2	3	4	5
healthy	1	2	3	4	5

Notes

Recipe:

Based on/Source: _____ Serves: _____

Ingredients

Directions

Ratings

flavor	1 2 3 4 5
ease	1 2 3 4 5
healthy	1 2 3 4 5

Notes

Recipe:

Based on/Source: _____ Serves: _____

Ingredients

Directions

Ratings					
flavor	1	2	3	4	5
ease	1	2	3	4	5
healthy	1	2	3	4	5

Notes

Recipe:

Based on/Source: _____ Serves: _____

Ingredients

Directions

Ratings					
flavor	1	2	3	4	5
ease	1	2	3	4	5
healthy	1	2	3	4	5

Notes

Recipe:

Based on/Source: _____ Serves: _____

Ingredients

Directions

Ratings					
flavor	1	2	3	4	5
ease	1	2	3	4	5
healthy	1	2	3	4	5

Notes

Recipe:

Based on/Source: _____ Serves: _____

Ingredients

Directions

Ratings

flavor	1	2	3	4	5
ease	1	2	3	4	5
healthy	1	2	3	4	5

Notes

Recipe:

Based on/Source: _____ Serves: _____

Ingredients

Directions

Ratings

flavor	1	2	3	4	5
ease	1	2	3	4	5
healthy	1	2	3	4	5

Notes

Recipe:

Based on/Source: _____ Serves: _____

Ingredients

Directions

Ratings					
flavor	1	2	3	4	5
ease	1	2	3	4	5
healthy	1	2	3	4	5

Notes

Recipe:

Based on/Source: _____ Serves: _____

Ingredients

Directions

Ratings					
flavor	1	2	3	4	5
ease	1	2	3	4	5
healthy	1	2	3	4	5

Notes

Recipe:

Based on/Source: _____ *Serves:* _____

Ingredients

Directions

Ratings							Notes
flavor	1	2	3	4	5		
ease	1	2	3	4	5		
healthy	1	2	3	4	5		

Recipe:

Based on/Source: _____ Serves: _____

Ingredients

Directions

Ratings

flavor	1	2	3	4	5
ease	1	2	3	4	5
healthy	1	2	3	4	5

Notes

Recipe:

Based on/Source: _____ Serves: _____

Ingredients

Directions

Ratings

flavor	1	2	3	4	5
ease	1	2	3	4	5
healthy	1	2	3	4	5

Notes

Recipe:

Based on/Source: _____ Serves: _____

Ingredients

Directions

Ratings					
flavor	1	2	3	4	5
ease	1	2	3	4	5
healthy	1	2	3	4	5

Notes

Recipe:

Based on/Source: _____ Serves: _____

Ingredients

Directions

Ratings

flavor	1	2	3	4	5
ease	1	2	3	4	5
healthy	1	2	3	4	5

Notes

Recipe:

Based on/Source: _____ *Serves:* _____

Ingredients

Directions

Ratings					
flavor	1	2	3	4	5
ease	1	2	3	4	5
healthy	1	2	3	4	5

Notes

Recipe:

Based on/Source: _____ Serves: _____

Ingredients

Directions

Ratings					
flavor	1	2	3	4	5
ease	1	2	3	4	5
healthy	1	2	3	4	5

Notes

Recipe:

Based on/Source: _____ Serves: _____

Ingredients

Directions

Ratings					
flavor	1	2	3	4	5
ease	1	2	3	4	5
healthy	1	2	3	4	5

Notes

Recipe:

Based on/Source: _____ Serves: _____

Ingredients

Directions

Ratings					
flavor	1	2	3	4	5
ease	1	2	3	4	5
healthy	1	2	3	4	5

Notes

Recipe:

Based on/Source: _____ Serves: _____

Ingredients

Directions

Ratings

flavor	1	2	3	4	5
ease	1	2	3	4	5
healthy	1	2	3	4	5

Notes

Recipe:

Based on/Source: _____ Serves: _____

Ingredients

Directions

Ratings					
flavor	1	2	3	4	5
ease	1	2	3	4	5
healthy	1	2	3	4	5

Notes

Recipe:

Based on/Source: _____ Serves: _____

Ingredients

Directions

Ratings						Notes
flavor	1	2	3	4	5	
ease	1	2	3	4	5	
healthy	1	2	3	4	5	

Recipe:

Based on/Source: _____ Serves: _____

Ingredients

Directions

Ratings					
flavor	1	2	3	4	5
ease	1	2	3	4	5
healthy	1	2	3	4	5

Notes

Recipe:

Based on/Source: _____ Serves: _____

Ingredients

Directions

<table>
<tr><td colspan="6">Ratings</td></tr>
<tr><td>flavor</td><td>1</td><td>2</td><td>3</td><td>4</td><td>5</td></tr>
<tr><td>ease</td><td>1</td><td>2</td><td>3</td><td>4</td><td>5</td></tr>
<tr><td>healthy</td><td>1</td><td>2</td><td>3</td><td>4</td><td>5</td></tr>
</table>

Notes

Recipe:

Based on/Source: _____ Serves: _____

Ingredients

Directions

Ratings					
flavor	1	2	3	4	5
ease	1	2	3	4	5
healthy	1	2	3	4	5

Notes

Recipe:

Based on/Source: _____ Serves: _____

Ingredients

Directions

Ratings					
flavor	1	2	3	4	5
ease	1	2	3	4	5
healthy	1	2	3	4	5

Notes

Recipe:

Based on/Source: _____ Serves: _____

Ingredients

Directions

Ratings					
flavor	1	2	3	4	5
ease	1	2	3	4	5
healthy	1	2	3	4	5

Notes

Recipe:

Based on/Source: _____ Serves: _____

Ingredients

Directions

Ratings					
flavor	1	2	3	4	5
ease	1	2	3	4	5
healthy	1	2	3	4	5

Notes

Recipe:

Based on/Source: _____ Serves: _____

Ingredients

Directions

Ratings					
flavor	1	2	3	4	5
ease	1	2	3	4	5
healthy	1	2	3	4	5

Notes

Recipe:

Based on/Source: _____ Serves: _____

Ingredients

Directions

Ratings					
flavor	1	2	3	4	5
ease	1	2	3	4	5
healthy	1	2	3	4	5

Notes

Recipe:

Based on/Source: _____ Serves: _____

Ingredients

Directions

Ratings					
flavor	1	2	3	4	5
ease	1	2	3	4	5
healthy	1	2	3	4	5

Notes

Recipe:

Based on/Source: _____ Serves: _____

Ingredients

Directions

Ratings

flavor	1	2	3	4	5
ease	1	2	3	4	5
healthy	1	2	3	4	5

Notes

Recipe:

Based on/Source: _____ Serves: _____

Ingredients

Directions

Ratings

flavor	1	2	3	4	5
ease	1	2	3	4	5
healthy	1	2	3	4	5

Notes

Recipe:

Based on/Source: _____ Serves: _____

Ingredients

Directions

Ratings					
flavor	1	2	3	4	5
ease	1	2	3	4	5
healthy	1	2	3	4	5

Notes

Recipe:

Based on/Source: _____ Serves: _____

Ingredients

Directions

Ratings

flavor	1	2	3	4	5
ease	1	2	3	4	5
healthy	1	2	3	4	5

Notes

Recipe:

Based on/Source: _____ *Serves:* _____

Ingredients

Directions

Ratings					
flavor	1	2	3	4	5
ease	1	2	3	4	5
healthy	1	2	3	4	5

Notes

Recipe:

Based on/Source: _____ *Serves:* _____

Ingredients

Directions

Ratings					
flavor	1	2	3	4	5
ease	1	2	3	4	5
healthy	1	2	3	4	5

Notes

Recipe:

Based on/Source: _____ Serves: _____

Ingredients

Directions

Ratings					
flavor	1	2	3	4	5
ease	1	2	3	4	5
healthy	1	2	3	4	5

Notes

Recipe:

Based on/Source: _____ Serves: _____

Ingredients

Directions

Ratings					
flavor	1	2	3	4	5
ease	1	2	3	4	5
healthy	1	2	3	4	5

Notes

Recipe:

Based on/Source: _____ Serves: _____

Ingredients

Directions

Ratings					
flavor	1	2	3	4	5
ease	1	2	3	4	5
healthy	1	2	3	4	5

Notes

Recipe:

Based on/Source: _____ *Serves:* _____

Ingredients

Directions

Ratings

flavor	1	2	3	4	5
ease	1	2	3	4	5
healthy	1	2	3	4	5

Notes

Recipe:

Based on/Source: _____ Serves: _____

Ingredients

Directions

Ratings					
flavor	1	2	3	4	5
ease	1	2	3	4	5
healthy	1	2	3	4	5

Notes

Recipe:

Based on/Source: _____ Serves: _____

Ingredients

Directions

Ratings					
flavor	1	2	3	4	5
ease	1	2	3	4	5
healthy	1	2	3	4	5

Notes

Made in the USA
Monee, IL
09 December 2020